Gedichte mit Gewicht

eine Gedankenrevue
von
Klaus Martin Dietrich

3. überarbeitete und erweiterte Auflage 2019

Mit Zeichnungen von Ulrich Petroll und Klaus Dietrich

Herstellung und Verlag:
BoD – Books on Demand, Norderstedt
ISBN 978-3-7392-3805-0

Inhalt:

Vorwort vom Autor selbst	7
Gedicht mit Gewicht	8

Verse der Melancholie — 9

Herbst im Leben	9
Ich mach mir Sorgen	11
Futter für die Seele	12
Lebensbegleiter	13
Der Moment	14
Ins Bild hinein	15
Das Leben mit Dreck	16
Du bist aufgewacht	17
Sooo wertvoll	18
Jeder Tag…..ein eignes Leben	18
Die Seele von außen	20
Die Lüge	21
Es betrifft auch Dich	22
Mal so gesehen	23
Die große Untersuchung	24
Ich hätt' so gerne Häuser gebaut	25
Das wertvolle Gegenteil	26
Meine Traumfrau	27
Was fällt Dir zu Liebe ein?	28
Verschwendungs-Sucht	29
Religion soll Liebe sein	30
Freudenkloß am Totensonntag	31
Gebet für Gott	32
Du glaubst nicht…	32

Mitten aus dem Leben — 33

So oder so ist das Leben	33
Guter Geschmack und schlechtes Essen	34
Geiz ist geil	35
Komm ich schenk Dir was	36
Roboter sind auch Menschen	38
Ohne Musik	39
Schmerz nach Noten	40

L.L. Lustige Lyrik — 41

Sei nett zu Deiner Umwelt	41
Urlaubsgrüße	42
Ein viele-Blumen-Gedicht	43
Schillers neue Glocke (alte Gedichte in neuem Gewand)	44
Pisa-Vierzeiler	44
Nudelfix	45
Der Schweinehund	45
Mein lieber Schwan!	46
Die seltene Welt der Tiere	47
Tierisch lecker	48

Tierische Vier- bis Achtzeiler	49
Das Borstenschwein	49
Der Wiedehopf	49
Wiedehopf - die Zweite	49
Wiedehopf die Dritte	49
Pudels Kern	50
Der Landaal	50
Kein Hähnchen zum Abendbrot	50
Promi-Gedichte	51
Guten-Morgen-Lyrik für den frühen Abend	51
... mit Boris:	51
... mit Rüdiger:	51
... mit Peter Maffay:	51
... mit Udo Lindenberg:	51
Boris-Becker-Gedicht	52
Franzi-Verse	52
Politische Reime	53
Alle Politiker	53
Politik macht auch nichts	54
Das ultimative Merkel-Gedicht	55
Saddam und Bush	56
Gedichte der Saison	58
Neujahrsgedicht - Irgendwo aus der Wohlstandsgesellschaft	58
Neujahrsgedicht - irgendwo aus der dritten Welt	58
Karneval und Fasching	59
Büttenrede zur Lage der Nation	59
SPD-Büttenrede	60
Karneval – Ein alkoholisches Schunkelgedicht	61
Deutschland ist ein schönes Land	62
Ostern und Frühling	64
Frühling kommt	64
Der Osterhas	64
Oster-Vierzeiler	64
Ein Häschen-Gedicht	65
Sechszeiler für den Ostermontag	65
Sommer und Herbst	66
Sommer 2000und ...	66
Lobhudelei für unsere Sonne	67
Oh, Du goldene Herbstlichkeit	68
Oktoberfest-Gedicht	68
Gedanken zur kalten Jahreszeit	69
Ein Wintergedicht	69
Winterzeit	70
Leise rieselt der Schnee - ein Schneegedicht	70
Das Adventsgedicht	71
Adventsgedicht für Computergeschädigte	72
Das verwöhnte Blach - ein modernes Weihnachtsgedicht	72

Weihnachts-Kurz-Gedicht	73
Niklaus	73
Mutter hat die Gans verbrannt	73
Weihnachtsstress - wie selbstgemacht	74
Weihnachten steht vor der Tür	75
Howard Carpendale singt ein Weihnachtsgedicht	76
Der fünfte Advent	76

Herstellung und Verlag:
BoD – Books on Demand, Norderstedt
ISBN 978-3-7392-3805-0

Vorwort vom Autor selbst

Die deutsche Literatur ist so offen und modern, wie nie zuvor. Es ist die Zeit, in der langweilige Musiker ihre Lebensgeschichte zum „Bestseller" geben und drittklassige Imitatoren den Literaturpapst Reich-Ranicki nachahmen.

Romane, Science Fiction und Bücher über Politik gibt es zuhauf. Doch die guten alten Vier- bis Sechszeiler kennt man beinahe nur noch aus der Antike. Um der weiteren Verwahrlosung des Versmaßes vorzubeugen, hat sich der Autor entschlossen, seine kleine aber bescheidene Gedichtssammlung für die Nachwelt zu veröffentlichen.

Und denkt stets daran: Auch in einem kleinen Gedicht steckt meist viel Wahrheit, Poesie und abgebauter Frust.

Der Kalauser

PS: Für Risiken und Nebenwirkungen, die beim Konsumieren der folgenden Lektüre auftreten, weigert sich der Autor strikt, die Verantwortung zu übernehmen.

Gedicht mit Gewicht

Am Anfang das Wort, erst einfach und schlicht
Man begann, es zu reimen, und gebar ein Gedicht
Viele gingen verloren, viele wurden geschrieben
Doch sind auch bis heute, die besten geblieben
Und die Verse, sie bringen's ans Licht
Es hinterlässt Spuren. Das Gedicht hat Gewicht

Ob modern, poetisch, abstrakt oder antik
Ob über Liebe, die Kunst oder den Krieg
Goethe, Tolstoi oder Brecht, alle schrieben sie Geschichte
Klassiker und Meisterwerke, verfassten sie in Welt-Gedichte
Der Inhalt erhielt ein stolzes Gesicht
In Form von Reimen, gewann das Gedicht an Gewicht

Eins in der Schule zu lernen, wurde früher zur Qual
Doch später, als Leser, erkennt man erst mal
Selbst in Rock, Pop oder Liebeslieder
Findet man Gedichte wieder
Und die Reime, sie kommen ganz dicht
Die Erkenntnis aus eigener Sicht. Ein Gedicht hat Gewicht

Ganz wesentlich an der Literatur
Es sind nicht einfach Worte pur
Mehr als nur Phrasen mit Figur
Es sind große Gefühle und auch Kultur
Drum glaubt der Dichter wesentlich
Wenn er den Vers nun zu Dir spricht
Ein Gedicht hat Gewicht und ein Gesicht!

Verse der Melancholie

Herbst im Leben

Die Jahre sind dahingegangen
So manches hast Du aufgefangen
Und's Leben wird wohl weitergehen
Doch vieles hast Du nicht gesehen
Die Zeit, sie ist dahingeronnen
Doch was hast Du daraus gewonnen?
Dein Herz fängt schneller an zu beben
Es ist Herbst im Leben
Es ist Herbst im Leben

Aufsteh'n – Arbeit – Schlafengehen
Den Tag hast Du nicht hinzieh'n sehen
Ich weiß noch, wie es gestern war
Und schon beginnt ein neues Jahr
Ostern – Urlaub – Weihnachten
Du beginnst, danach zu schmachten
Früher konnt'st Du's kaum erleben
Jetzt hast Du Herbst im Leben
Du hast Herbst im Leben

Ja, in der Ruhe liegt die Kraft
Und Angst vor dem, was Du verpasst
Lässt Dich alles schneller machen
Doch machst Du meist nur halbe Sachen
Zum Genießen fehlt Dir die Muße
Und Deine Not, die tut grad' Buße
Vielleicht wird Gott Dir das vergeben
Bei Dir ist Herbst im Leben
Es ist Herbst in Deinem Leben

Wahrscheinlich hast Du's nicht gewusst
Es lebt sich besser – ganz bewusst
Weißt Du, wie schön die Rose blüht?
Erhaben die Sonne vom Himmel glüht?
Wie lecker klares Wasser schmeckt?
Wie frische Luft die Geister weckt?
Mit dem Gefühl beginnt das Schweben
Du fühlst Herbst im Leben
Wie gut – der Herbst im Leben

Zum ersten Mal bist Du aufgewacht
Hast über Dich mal nachgedacht
Wirst Du schon morgen dankbar sein
Und abends einfach glücklich sein
Die Zeit in Trance – sie ist vorbei
Du merkst Dein Da-Sein und bist frei
Und jeder Tag wird Dich erheben
Es ist Herbst im Leben
Du spürst den Herbst im Leben

Ich mach mir Sorgen

Ich habe ziemlich große Sorgen
Würd' gerne etwas Glück mir borgen
Doch dies gibt leider niemand her
Drum wiegen Frust und Ärger schwer

Denk an Familie - meine Lieben
Wo Kummer hat den Keil getrieben
Mach mir Gedanken über Job und Geld
Und auch den ganzen Rest der Welt

Warum sind Menschen oft gemein?
Sieht kaum einer seine Fehler ein?
Von Machthabern global betrogen
Die ganze Welt wird dreist belogen
Über all dies einmal nachgedacht
Hätt's Dich fast um den Verstand gebracht

Was kann ich tun? - Es besser machen!
Mich engagieren - übers Schicksal lachen
Habe erkannt - lass ich das Gestern los
Und vertraue auf Gott ... schon sind meine Sorgen nur Krümel bloß

Futter für die Seele

Es gibt so Tage, ganz ohne Frage
Das sind Zeiten, die Dir Sorgen bereiten
Du hast geschuftet 10 Stunden am Stück
Und dennoch bleibt Arbeit für morgen zurück
Die Messlatte ist hoch und's ist viel zu tun
Du hast nicht eine Minute, um auszuruh'n
Jetzt schließt Du Dich ein, dass Dich keiner mehr quäle
Was Du jetzt brauchst, ist Futter für die Seele

Doch auch Menschen in älteren Jahren
Müssen so manch große Qual erfahren
Ein par Freunde geh'n, die Schmerzen bleiben
Das kann einen zur Verzweiflung treiben
Die Seele dürstet und sie hungert
Während Alltag um sie lungert
Die Frage ist jetzt - was ich nun wähle
Denn ich brauch' Futter für die Seele

In Deinem Kopf soll Frust nicht wohnen
's ist höchste Zeit, sich zu belohnen
was macht Dir Freude? Was gleicht Dich aus?
Gehst Du zu Freunden, oder ruhst Dich gern aus?
Ein gutes Buch oder Musik zum Abreagieren
Auch beim Telefonat lassen Sorgen sich halbieren
Ebenso mit einfachen Dingen
Kannst Du Dir selber Freude bringen
Und ein Gebet - mit Dir allein
Kann Futter für die Seele sein

Und hilft dies alles trotzdem nicht
Dann lies noch einmal das Gedicht!

Lebensbegleiter

Verschiedenes wird Dir passieren
Mal gewinnen dann verlieren

Im Namen des Volkes gesprochenes Recht
Dem einen sein Freud - des anderen Pech
Es schmiegt sich an Dich, wie ein riesiger Fleck
Du rüttelst und reibst, doch das Pech will nicht weg.

Und es kommt in Begleitung, und das ist kein Spaß
Darf ich vorstellen: Die Missgunst, der Neid und der Hass
Nein Freunde werdet Ihr sicherlich keine
Da hilft nur Dein Glaube, der macht ihnen Beine

Der Gedanke: Nichts geht mehr, es ist doch verrückt
Erscheint aus der Kälte die Wahrheit, Licht und Dein Glück
Die Hoffnung erst klein, mit winziger Triebe
Bist bald wieder umgeben mit Leben und Liebe

Der Moment

Nur wir auf der Bank, das einzige Paar
Sonne brennt Gold in Dein blondlanges Haar
Eine Muschel behutsam mit Sand verdeckt
Die Brandung spült all' unsere Sorgen weg
Die Stille lässt den Herzschlag hören
Niemand kann uns jetzt noch stören

Das ist der Moment, in dem ich sterben will
Es ist der Moment, in dem ich leben will
Der Augenblick ganz ohne Zeit
Ein Gemälde für die Ewigkeit!

Der Buntspecht zwitschert seine Noten
Der Westwind heult, als wär's verboten
Ein Streuner zieht einsam seine Bahnen
Abendrot lässt Gottes Existenz erahnen
Mit Farben, wie nur die Natur sie bringt
Und so tief in Deine Gefühlswelt dringt

Es ist der Moment, auf den ich warte
Das ganze Glück auf 'ner einzigen Karte
Dies, woran ich gerade denk'
Ist, was ich spür - welch ein Geschenk!

Das Gras hintern Deich glänzt im Morgentau
Das Meer - ein Spiegel in schimmerndem Blau
Fischerboote sind dick mit Farbe bestrichen
Mit kräftigem Rot, oder Grün leicht verblichen
Stundenlang könnt' ich hier stehen
Das Bild, es dürfte nie vergehen

Das ist der Moment, zum Schweigen still
Der Zeitpunkt, an dem ich schreien will
Diese Sekunde wird ewig verweilen
In meinen Gedanken - in diesen Zeilen!

Ins Bild hinein

Nun steh' ich hier in der Galerie
Da bin ich selten, so gut wie nie
Ein einsames Bild hängt an der Wand
Doch hab' ich darin so viel erkannt
Ein Fischerdorf, die kleine Bank am Hafen
Wie gern würd ich hier bei Vollmond schlafen
Drum lasst mich in das Bild hinein
Hier möchte ich gern einsam sein
Das Gemälde hat mich schlicht entzückt
Ist perfekt ins rechte Licht gerückt
Klug gewählt, die Wahl der Farbe
Jeder Pinselstrich ist eine Gabe
Es wirkt so echt, muss meine Augen reiben
Ich könnte noch Stunden hier stehen bleiben
Ich würd so gern ins Bild hinein
Es ist so schön, ich könnte weinen
Nun schwärm ich schon die ganze Zeit
Die Leinwand wird zur Wirklichkeit
Und ich denke, ich würde aufhören zu träumen
nähm' ich es mit – hätt ich's bei mir, in den eigenen Räumen

Das Leben mit Dreck

Mehr Arbeit, so dass die Wirtschaft gedeiht
Zur Lohnkürzung bist Du auch bereit
Am Sonntag entspannst Du mit Extremsportarten
Um ganz langsam auf den Hirnschlag zu warten
Um die Frage komme ich nicht hinweg
Warum bewerft ihr das Leben mit Dreck?

Drei Hirnlose schlagen auf 'nen Wehrlosen ein
Aus Langeweile - das muss wohl so sein
Was heißt denn mehr Zivilcourage?
Bekomme ich dafür etwa 'ne Gage?
Da geh ich nicht hin, das hat keinen Zweck
Bewerft euer Leben doch weiter mit Dreck!

In der Bahn das Gedränge - es fällt einer um
Doch keiner sieht hin und jeder bleibt stumm
Auf der Überholspur, ohne Blinker, dicht ran
Hauptsache, ich komm als erster bald an
Und wieder liegt einer im Graben am Eck
Denn Du bewirfst das Leben mit Dreck!

Ja, Machtmissbrauch durch Lobby und Banken
Betrüger machens auch, mit Alten und Kranken
Klimagipfel - von Ergebnis keine Spur
Es stirbt das Meer, der Wald und die Natur
Für Tierversuche gibt's 'nen dicken Scheck
Mit Anlauf schmeißt Du aufs Leben den Dreck!

Wenn Du nicht umdenkst
Wenn Du nicht einlenkst
Wenn Du weiter ruhst
Und nicht selber was tust
Findest vor der Schöpfung keinen Respekt
Dann endet auch Dein Leben ganz plötzlich im Dreck!

Du bist aufgewacht

Du hast Dich nie beschwert
Alles gehabt und nichts begehrt.
Du schmeckst nicht das Essen – nicht das Trinken...
Hast überholt und vergessen zu winken.

Du bist aufgewacht,
Obwohl Du nicht geschlafen hast.
Du hast nachgedacht,
Und spürst die Zeit, wie sie vorüberrast.

Du stehst in der Menge ganz alleine,
Kennst viele Leute ... Freunde aber keine.
Hast einen Job, auch genug Geld,
Hast einfach alles, und bist dennoch kein Held.

Du bist aufgewacht,
Obwohl Du nicht geschlafen hast.
Du hast nachgedacht,
Und spürst die Zeit, wie sie vorüberrast.

Jetzt bist Du alt und merkst, dass was fehlt.
Es ist Monotonie, was Dich so quält.
Du sitzt hier im Gedankenknast,
Und merkst, was Du verschwendet hast.
Du bist aufgewacht,
Obwohl Du nicht geschlafen hast.
Du hast nachgedacht,
Und spürst die Zeit, wie sie vorüberrast.

Sooo wertvoll

Ganz selbstverständlich bist Du einfach da
Nimmst Du das wirklich auch mal wahr?
… Wie das Blut durch Deine Adern fließt,
… Du die Luft leis' durch die Nase ziehst?
Die Welt, Du kannst sie bunt erleben,
Hörst ihren Klang in Deine Ohren schweben
So wertvoll ist Dein eignes Leben
Und's wird Dir einfach so gegeben

Du bist geschickt, wie die Gazelle
klug wie ein Pferd – auf alle Fälle
Doch jedes Tier hat seine Schranken
Der Mensch ist klüger, durch Gedanken
Das sollte man zumindest meinen
Doch oftmals muss man's auch verneinen
Dennoch: So wertvoll ist Dein eignes Leben
Es wird Dir einfach so gegeben

Drum bedenke: Wald, Wiese und Natur … kannst Du nicht bezahlen
Die Luft zum Atmen pur … kannst Du nicht bezahlen
Anderer Länder große Kultur … kannst Du nicht bezahlen
Die Zeit auf Deiner Lebensuhr … kannst Du nicht bezahlen

Sei dankbar – hab' aufs Leben Lust, für das Du nie was geben musst

Jeder Tag…..ein eignes Leben

Die Nacht ist gegangen,
Tief im Schoß Deiner warmen Decke
Du bist noch gefangen,
Im Dunkel – dass niemand Dich wecke
Die Pflicht trennt die Nabelschnur,
Der erste Schrei am Morgen
Der Tag beginnt – Deine Geburt,
Warst grad sooo geborgen

Kannst erst nur lallen,
Mehr kriechen, als gehen
Der Kampf nicht zu fallen,
Auf den Beinen zu stehen
Das Leben kann beginnen,
Die Arbeit will getan werden
Die Stunden zäh verrinnen,
Wofür bin ich da, auf Erden?
Noch bist Du kräftig, wie ein Riese,
Voller Ideen bist Du fleißig
Bloß langsam kommt die erste Krise,....
Du bist matt – 16. Uhr 30
Du gehst nach Haus und bist am Ende -
Das war es dann, bist müde heute
Der Rest des Tages ist wie Rente -
Triffst in der Kneipe noch paar Leute
Nun kehrst Du heim, voller Schmerzen,
Zu Deinem lieben Schatz zurück
Essensduft – der Tisch mit Kerzen,
Dir wird bewusst – Dein spätes Glück
Der Lebenstag hat viel gegeben,
Jetzt aber Zeit um auszuruh'n
Wonach soll ich jetzt noch streben,
Was bleibt am Ende noch zu tun?
Der Tag ist gegangen,
Ich liege umschlungen mit meiner Decke
Noch im Grübeln gefangen,
Die Uhr so laut, dass ich fast erschrecke
Wollt' noch einen Gedanken fassen,
Aber die Augen sind schwer
Beginn einfach los zu lassen;
Es ist, als leb ich nicht mehr

    Der Lebenstag – er musste gehen
    Werd' ich auch morgen auferstehen?
    Dieses Geschenk wurd' mir gegeben
    'S ist jeder Tag ein eignes Leben

Die Seele von außen

Du siehst beim „Zappen" im Fernseh'n 'nen Mann
Und denkst noch, „ein Dicker, der sicher nichts kann"
Gleich wird er schwitzen und auch ist er dumm
Da seh' ich nicht hin, und schalt' lieber um
Doch er fängt an zu tanzen und singen kann er auch
Und er hat Köpfchen und nicht bloß 'nen Bauch
Der Mensch dort auf'm Schirm hat nicht nur Gewicht
Denn Du siehst von außen die Seele nicht

Du gehst ins Geschäft und musst nicht lang' warten
Da kommt jemand näher und will Dich beraten
Ein schwarzer Fremder aus 'nem anderen Land
Das kann nichts werden, das hast Du erkannt
Und Dein Vorurteil es scheint so direkt
Doch akzentfrei gesprochen - die Beratung perfekt
Und wieder täuscht Dein Augenlicht
Denn Du siehst von außen die Seele nicht

Gegenüber sitzt ein Typ mit verdunkelter Brille
Du sagst: „Genauso finster ist auch sein Wille"
Aber dann erkennst Du den Stock und den Hund
Er hat Dich gehört und er ist nicht gesund
Du erkennst es zu spät, er ist doch nur blind
Doch er hat Dir verzieh'n, wie ein sanftmütiges Kind
Vielleicht gehst Du endlich mit Dir ins Gericht
Denn Du siehst von außen die Seele nicht

Ja, wenn ein Kleinkind Dich im IQ-Test besticht
Und bei der Hotline die kluge Hausfrau spricht
Wenn ein Blinder viel besser hören kann
Dann denke an den dicken tanzenden Mann
Denn bevor Du in einem fremden Charakter irrst
Wär's gut, wenn Du den eigenen prüfen wirst
Weil die Moral von dem Gedicht
Du siehst von außen die Seele nicht!

Die Lüge

Als kleines Kind hab ich gelogen
Bis sich die letzten Balken bogen
Doch sollte man vielleicht erwägen
Ich tat es da aus Angst vor Schlägen
Doch heut – erwachsen – leb ich frei
Und mit dem Lügen ist's vorbei
Verdiene ehrlich jetzt mein Brot
Und schwindle nur in großer Not

Bin auch kein Lamm, doch frag ich meist
Warum nur tun sie es so dreist
So mancher Freund vom Lobbyist
Nennt sich Demokrat und Christ
Ob Doktorarbeit - Wahlversprechen
Die Wahrheit wird sich immer rächen
Im Zeitalter des Internet
Wird ohnehin viel aufgedeckt

Der Kirchendiener, der ist keusch
Da hat sich mancher schwer getäuscht
Auch der Wirtschaft und der Banken
Haben wir viel Elend zu verdanken
Selbst Hunger in der dritten Welt
Ist verlogener Handel mit viel Geld
Und in der Werbung sowieso
Spülst Du die Wahrheit gleich ins Klo

Wer kann für Fehler geradestehen
Und Tatsachen ins Auge sehen?
Du musst Dich hier dem Schicksal fügen
Je weiter Du kommst, desto größer die Lügen
Was freu ich mich auf „nach dem Tod"
Bringt Gott die Lüge aus dem Lot!

Es betrifft auch Dich

Wer Du auch bist, das weiß ich nicht...
Doch merke auf, 's betrifft auch Dich
Wenn Kindersklaven in Kleiderfabriken,
Für 2 Münzen am Tag die Finger wundstricken
Und braune Babys spielen im staubigen Dreck,
Kommt hier nicht an – ist ja weit weg
Möge das schlechte Gewissen rasch enden,
Kann ja 5 Euro vorm Feiertag spenden
Wer Du auch bist, das weiß ich nicht...
... Doch merke auf, 's betrifft auch Dich

Die Bank schwatzt riskante Aktien Dir auf
Provision für sie selbst gibt's noch obendrauf
In Discountern und Büros - nur Überstunden
... Und abends pflegst Du Deine Wunden
Wenn die Wirtschaft wächst, Deine Energien schrumpfen,
Können wir schön in Depressionen versumpfen
Wer Du auch bist, das weiß ich nicht
... Doch merke auf, 's betrifft auch Dich

Und es gibt Steuerverschwendung noch und nöcher
So stopft man keine Schuldenlöcher
Wählt mit Bedacht, wenn Politik erfriert,
Weil heimlich „Lobby" euch regiert
Billig-Spielzeug, Fleisch und- Lohn.
Gar nichts taugt – nur blanker Hohn
Wer Du auch bist, das weiß ich nicht
... Doch merke auf, 's betrifft auch Dich

Ich sage: "Geiz ist gar nicht geil"
Steckt doch Arbeits-Schweiß in jedem Teil
Wird Fleiß und Ehrlichkeit begehrt?
Was ist ein Leben heut' noch wert?
Also Schluss mit Wegsehn'; das ist kein Spaß
Sieh' hin! Wehr Dich! Tu' doch etwas!!!
Wer Du auch bist, das weiß ich nicht
... Doch merke auf, 's betrifft auch Dich

Mal so gesehen

Ich stehe auf dem Fels hoch oben
Auf einer grünen Wiese
Die wohlige Stille will ich loben .....
Um die Stirn eine kühl-sanfte Brise
Doch welch Zufall - ein einziger Tritt,
Berührt mein Fuß jenen einfachen Stein
Und mein Auge kommt da kaum mit;
Es scheint 'ne Gedenktafel zu sein
Augenblicklich ergriffen gefriert mir das Blut,
Denn Furchtbares war einst geschehn'
Das schlechte Gewissen schleicht unter den Hut
Wie kann Idylle gar plötzlich vergehn'

Vor einigen Jahren Erholung ich suchte
Die Entscheidung fiel nicht grad schwer
Man schließlich ein Piratenschiff buchte
Fröhliche Menschen auf's tiefblaue Meer
Das war uns schon klar-ein Nachbau nur,
Und doch das Gefühl von Abenteuer
Aber geht der Geschichte man auf die Spur,
Brennt im Kopf ein andres Feuer
Seefahrer-Romantik gab's damals nicht,
Nur Krieg, das Gold und sein Dieb
Oft Meuterei, Skorbut und auch Gicht,
So lang, bis keiner mehr übrig blieb

Es gab mal ein Buch, von dem ich berichte
Ein Roman nach einer uralten Sage
Mystisch und spannend war die Geschichte
So was liest man nicht alle Tage
Sie handelt von Tragik, Liebe um 1210 –
Von Furcht und gar schrecklicher Not
Protagonisten werden die Winde verwehen
Zurück bleiben Hoffnung, aber auch Tod
Alsbald mich umgibt ein wohliger Schauer,
Erinnert mich, wie eine vergessene Pflicht
Erschrak ich, nach kurz verweilter Dauer;
Las ich zu Beginn das Vorwort nicht

Bin allein auf dem Fels, der grünen Wiese,
Im innersten Auge plötzlich ganz klar!
Gar frostig wird nun die sanfte Brise,
Weil der Inhalt des Buches Tatsache war
Ich denk an die Sage, die Piraten-Segeltour
Doch Gedanken, sie werden vergehen
Die Melancholie zieht eine Spur …
Und hab's im Moment mal so gesehen….

Die große Untersuchung

Du gehst zum Arzt - es tut Dir was weh
Er sagt: „Tut mir leid, nichts das ich seh!"
So steht er vor Dir - im weißen Kittel
Sagt: „Die Gesundheitsreform erlaubt keine Mittel"
Krankenkassen und die Pharmazie
Glaspaläste und reich wie nie
Und dann liegst Du da - das Blut so rot
Einfach umgefallen - das ist Dein Tod
Der Doktor hat verschwendet Dein Leben
Die Taschen voll Geld - und Du liegst daneben

Ich hätt' so gerne Häuser gebaut

Ich hätt' so gerne Häuser gebaut,
Doch meine Mutter hat's versaut
Sie meinte, so ein Bauarbeiter,
Wär nichts für die Karriereleiter.
Meine Kinder sollen auf Eliteschulen
Und nicht mit anderen im Dreck rumsuhlen
Wenn man mal die Eltern fragt,
Der Kevin, der ist hoch begabt
Auf'm Schulhof, klauten sie ihm die Sachen,
Der soll beruflich was mit Menschen machen
Er wurde geschlagen und ausgebeutet
Heut hat er zu tun mit ähnlichen Leuten
Und Mutters größter Wunsch auf Erden,
Die Tochter will doch Model werden
Die Hausfrau hat es nicht geschafft,
Doch Püppi wird jetzt angegafft
Die Firma wird mein Sohn mal erben
Sagt Vater und führt ihn ins Verderben
Doch Söhnchen hat anderes Talent
Was man leider nicht erkennt
Er hätte so gerne auf sich selbst gehört
Es ist alles zu spät - und alles zerstört
Die Fabrik ist zu - auf ewig geschlossen,
Mutter hat literweise Tränen vergossen
Vater spürt Undank - sein gebrochenes Herz
Der Junge erstickt im eigenen Schmerz
„Die Kinder sollen's mal besser haben",
Heißt der Spruch, der haften klebt
Doch fallen sie in tiefe Graben,
Wenn Ihr ihnen keine Liebe gebt
Sitzenbleiber war so mancher Star
Und stellt dennoch was Besonderes dar
Manch' Sportler war als Schüler nicht besonnen
Hat später jedoch Pokale gewonnen
Und der Bauarbeiter ist ein glücklicher Mann
Weil er das macht, was er gut kann

Das wertvolle Gegenteil

Willst Du einen Brief erhalten
Musst Du vorher einen schreiben
Wirst Du die Frage nicht entfalten
Wird man die Antwort schuldig bleiben
Der Künstler kriegt auch nur Applaus
Wenn er auf die Bühne geht
Ob es gelingt, bekommt man raus
Wenn vorher einer überlegt
Und klingt es noch so sonderbar
Du wirst sehen, es ist wahr
Das Wertvolle am Gegenteil
Ist auf lange Sicht ein Seelenheil

So brauchst auch Du, um zu vergeben
Menschen, die Dir Schlechtes wollen
Zum Gesundheit neu-erleben
Musst Du der Krankheit Tribut zollen
Ums Glück mit einer Hand zu greifen
Musst Du durch Leid und Tränen gehen
Möcht's Du das Leben ganz begreifen
Solltest Du erst beide Seiten seh'n
Und klingt es noch so sonderbar
Du wirst sehen, es ist wahr
Das Wertvolle am Gegenteil
Ist auf lange Sicht ein Seelenheil

Du kannst nur den Himmel schauen
Wenn Du den tiefen Abgrund kennst
Und auch nur auf die Zukunft bauen
Wenn Du vor'm Gestern nicht wegrennst
Siehst Du im Wald den einen Baum
Und auch die Biene auf der Blüte
Dann ist es auch nicht bloß ein Traum
Sondern ein Bild von Gottes Güte
Doch bist Du zu schnell in Deinem Wagen
Und fühlst Dich kurz mal frei
Dann wirst Du's später wohl beklagen
Das schöne Bild ist schon vorbei

Und klingt es noch so sonderbar
Du wirst sehen, es ist wahr
Das Wertvolle am Gegenteil
Ist auf lange Sicht ein Seelenheil

Nur wer aus der Kälte kommt
Ist für die Wärme bereit
Nur wer aus der Großstadt kommt
Schätzt auch die Einsamkeit
Nur wer es kennt, zu leiden
Erfährt am Ende die Dankbarkeit
Hürden sind Wege zu zeigen
Erkennt man's auch erst spät
In Würde sich vor'm Schicksal neigen
Und sehen, wie der Mut uns prägt
So müssen wir auch Qual erleiden
Und merken, wie weit das Gute trägt
Und plötzlich scheint es Dir ganz klar
Du wirst sehen, es ist wahr
Das Wertvolle am Gegenteil
Ist auf lange Sicht ein Seelenheil

Meine Traumfrau

Sie ist nicht schön, sie ist kein Modell!
Ihre Haut ist nicht sonnenbraun, nein, weiß und hell!
Ihr Haar ist natur, da klebt kein Haarlack!
Es riecht pur nach ihr, so wie ich es mag!
Die Augen sind feurig und tief Dunkelbraun!
Warum auf die Lider noch Make-up drauf hauen?
Ihr eigener Wert hat einen inneren Sinn
Denn sie nimmt mich einfach, wie ich halt bin.
Ja! So ganz genau
So ist meine Traumfrau

Was fällt Dir zu Liebe ein?

Des Menschen größter Wunsch ist Liebe,
Doch wie und wo bekommst Du diese?
Haben die Eltern sie Dir schon mitgegeben,
Oder wird sie noch vom Himmel schweben
Bist Du verknallt, schmilzt einfach dahin,
So spürst Du die Liebe tief in Dir drin
Sie ist einzigartig und sonderbar!
Gibst Du sie weiter, ist sie immer noch da
Und verschenkst Du davon ein kleines Stück,
Kommt Nächstenliebe doppelt zurück
Alte Liebe, Tierliebe, liebenswertes Liebespaar
So verschieden und doch alles so klar
Selbst bei Liebeskummer und Hassliebe
Am Ende das Gefühl noch bliebe
Dies' Empfinden trifft mitten ins Herz
Ja, Liebe ist der schönste Schmerz
Mancher liebt auch sein Tier, das ihn gar nicht versteht
Ohne zu ahnen, dass es bei Menschen auch oft so geht
Mit Liebesromanen lernst Du es nie
Der Inhalt bleibt einfach nur Theorie
Oft voller Triebe und liebestoll
Doch besser noch wäre liebevoll
Du musst den anderen nicht begreifen
Sondern in Akzeptanz und Liebe reifen
Das Gefühl kann sicher auch erblinden
Es wird Dich aber wieder finden
Wenn ich für Dich auf mich selbst verzichte
Dann ist es die vollendete Liebesgeschichte

Verschwendungs-Sucht

Die Grenze zwischen Arm und Reich
Ist hierzulande nicht grad weich
Drum schaff den Zaster aus dem Land
Das Ziel ist meistens unbekannt
So begehst Du eben Steuerflucht
Das wär doch sonst Verschwendungssucht

In Deutschland gibt es Ordnung, Zucht
Wonach man bei den Rechten sucht
Doch bei dem Thema NSU
Geb' ich lieber gar nichts zu
Die Akten man vergeblich sucht
Das wär doch sonst Verschwendungssucht

Deutsche Waffen in Kriegsgebiete
Das bringt Geld für die Elite
Doch ohne Militär und Drohnen
Können wir wieder ruhiger wohnen
Die Bundeswehr, es ist verflucht
Das alles ist Verschwendungssucht

Mehr Kindergeld, das wird versprochen
Und nach der Wahl sofort gebrochen
Auch bei den starken Lobbyisten
Wird die Partei wohl nicht ausmisten
Und der Fahnenstange langer Zipfel
Es gibt für alles einen Gipfel
Die Krise wächst und Diäten nie genuch
Die Tassen hoch, auf die Verschwendungssucht

Religion soll Liebe sein

Schon vor vielen tausend Jahren
Religionen immer schwierig waren
Jeder will sein Süppchen kochen,
Und andre Völker unterjochen
Der eine Glaube, der ist richtig
Und alles sonst bloß null und nichtig
Statt Andersgläubige zu hassen,
Wie wär's mit einfach leben lassen
Merkt denn der Jude, Moslem, Christ
Nicht, dass da was gemeinsam ist
Seit man von Abraham geschrieben,
Wir all' beim selben Gott geblieben
Er sagt: Wir sollen Frieden leben
Und vor Allem Liebe weitergeben
Gott wird über Menschen richten,
Doch wollen wir selbst darauf verzichten
So lass den Juden seine Kipa tragen
Und nicht nach seinen Gründen fragen
Soll sich die Muslima doch verschleiern,
Der Christ in Ruhe Ostern feiern
Ob im Talar oder Gewändern
Ob bei sich - in andren Ländern
Was sollen Kreuzzug, Schlachten, Krieg?
Auf Dauer gibt es keinen Sieg!
Feldzüge im Namen der Religion
Es gab damals nur Verlierer schon
Religion heißt Glauben - wissen können wir's nicht
Gewissheit erfahren wir später, beim letzten Gericht
Bis dahin soll Liebe in Dir wohnen,
So wird es sich für alle lohnen
Wir haben eines doch gemein
Die Religion soll Liebe sein!

Freudenkloß am Totensonntag

(für meinen Vater)

Ein Tag unserer Lieben zum Gedenken
Ein paar Gedanken zum Verschenken
Für die, die nicht mehr bei uns sind
Das Schicksal, wenn die Zeit verrinnt

Wo wir dann zum Friedhof gehen
Und besinnend an den Gräbern stehen
Um den Toten Ehre zu bereiten
Und denken an die schönen Zeiten
Und das Gefühl ist fassungslos
Doch im Hals, da steckt ein Freudenkloß

Ist's, weil sie jetzt Frieden haben?
Oder wir uns an der Hoffnung laben?
Sind es Gestecke oder Kerzen?
Oder Befreiung der ersten Schmerzen?
Es ist vielleicht ein schwacher Trost
Doch im Hals, da steckt ein Freudenkloß

In der Kapelle jetzt die Messe
Damit ich niemals mehr vergesse
Den Menschen, den ich so geliebt
Von dem mir die Erinnerung blieb
Und ist es auch noch so beschwerlich
Der Pfarrer – was er sagt klingt ehrlich
Wir glauben an ein Wiedersehen
Können getrost nach Hause gehen
Ja, wir begreifen und lassen los
Jetzt schluck ich ihn runter - den Freudenkloß!

Gebet für Gott

Herr Gott, ich bete, dass die Menschen auf Erden
So langsam wieder mal vernünftig werden
Du gibst uns Hoffnung und so viel Liebe
Wir denken nur an uns, den Vorteil, die Triebe
Mein Gott, ich bete für Dich, dass der Mensch zu Dir findet
Bevor ihm am Ende die Zeit entschwindet!
Herr, ich wünsche Dir, dass wir Dir die Liebe geben
Wie Du sie uns schenkst, in unserem Leben
Dass wir auch anderen Gutes nur tun
Und ehrlich sind, bevor wir ewig ruhen
Mein Gott, ich bete für Dich, dass der Mensch zu Dir findet
Bevor er vor Selbstsucht und Missgunst erblindet!

Lieber Gott ich bete, dass Du meine nichtgläubigen Freunde
Auf den Weg bringst, voller Glaube und Freude
Dass keiner mehr leidet - in bitterer Not
Und unser aller Leben nicht endet mit Tod

Gott ich bete für Dich, dass wir kommen zur Vernunft
Somit wir erlangen, bei Dir die Zukunft!

Du glaubst nicht...

Du glaubst nicht an das Leben nach dem Tod
Dort siehst Du die Tulpe leuchtend und rot
Sie stirbt und verwelkt jedes Jahr
Doch kaum ist Frühling, steht sie schon da
Im ewigen Eis „schläft" so manches Getier
Und lässt sich erwecken, obwohl's Jahrtausende friert
Wenn ich Dich mit der Frage auch quäle...
Während Du schläfst, wo ist die Seele?
Ist sie noch an Deinem Körper dran,
Oder schaut sich ein anderes Leben an?
Du glaubst nicht allein an Gottes Macht?
Wie schade.....! Du hast falsch gedacht!

Mitten aus dem Leben

So oder so ist das Leben

Leben ist wertvoll, es ist ein Geschenk
Auch wenn der Mensch nicht immer so denkt
Du kommst auf die Welt, denkst noch gar nicht an morgen
Und fühlst Dich im Schoß Deiner Eltern geborgen
Dann wächst Du heran und beginnst langsam zu streben
So oder so ... ist das Leben

Man beginnt zu überlegen und auch zu lernen
Und wird sich allmählich von zu Hause entfernen
Bekommst Du auch manche Seitenhiebe
Beginnt auch bald die erste Liebe
Manches wird Dir genommen, auch vieles gegeben
So oder so ... ist das Leben

Dann passiert das, was alle schon kennen
Hochzeit und Kinder, welches wir Familie nennen
Und unsere Fehler, ihr werdet lachen
Dann wohl die eigenen Kinder machen
Nicht immer werden wir über den Dingen schweben
So oder so ... ist das Leben

Mit 18 ziehen die Kinder aus
Nun sind wir noch zu zweit im Haus
Dann wollen wir mal, bevor wir ergreisen
Vom Ersparten möglichst viel reisen
Der Zeiger der Uhr, er bleibt nicht kleben
So oder so ... ist das Leben

Aber egal, ob arm oder mit Geld
Verlassen wir mal diese Welt
Doch mit Gottvertrauen wollen wir's erleben
Ich freu' mich schon, aufs neue Leben!

Guter Geschmack und schlechtes Essen

Es geht nur bergauf und Du bist schweißnass
Im Magen ganz flau, im Gesicht heiß und blass
Zeit für 'nen Halt, Du musst nicht lang suchen
Einfach und kalt - ein Stück trockener Kuchen
Du beißt etwas ab und hast fast vergessen
Wie gut es doch schmeckt, gibt's sonst nichts zu Essen

Jahre ist's her, doch ich weiß noch genau
Unten am Meer, der Himmel hellblau
Nach dem Trampen erreichen wir endlose Dünen
Beim Campen, die Dose mit Wasser verdünnen
Doch hatten wir nur Orangenlimonade
Die Suppe wurd' süß, salzig und fade
Und dennoch - klingt's auch dumm und vermessen
Haben wir sie richtig gerne gegessen

Weißt' noch in England - das gemütliche Cottage
Es gab gebratenen Bacon - den typischen Pottage
Alles roch etwas seltsam und schmeckte nach Fett
Doch war's sehr behaglich - die Leute sehr nett
Es klingt vielleicht seltsam, aber ich bin heut noch versessen
Auf die Menschen, die Insel und das schreckliche Essen

Wenn unter Palmen die Tappas vor Fett nur so trieft
Du isst zähes Fleisch mit dem Schatz, den Du liebst
Wenn's Kantinenfraß gibt - Hauptsache Pause
Oder Ochsenschwanzsuppe mit Limonadenbrause
Dann wirst Du wohl niemals vergessen
Es gibt Momente, da schmeckt auch das übelste Essen!

Geiz ist geil

Der Discounter hat den Preis gesenkt
Zur Hälfte jetzt - wie, nicht geschenkt?
Das Obst sortiert und schön zerdrückt
Von Kundenhänden, wie geschickt
Verkäufer, Spätschicht, Billiglohn
Servicewüste - welch ein Hohn
So muss das sein, ganz einfach weil
- Geiz ist geil!

Massenzucht und BSE
Das tut ja bloß den Viechern weh
Ein Tier, es stirbt, ich krieg die Wut
Den Menschen schmeckt es trotzdem gut
Wir grillen Schnitzel, Wurst und Speck
Die Hälfte schmeißen wir dennoch weg
Ja, Billig-Fleisch, das kauf' ich weil
- Geiz ist geil!

TV, PC und Mega-Mixer
Für wenig Geld beim HiFi-Trixer
Später stellt man leider fest
Die Ware fällt durch jeden Test
Nach 2 Jahren bloß noch Spott
Trotz Garantie - Elektroschrott
So ist das mit 'nem Billigteil
- Denn Geiz ist geil!

Selbst in dem Gesundheitswesen
Zum Sparen höchste Zeit gewesen
Pillen sollen nicht helfen, nein!
Sie müssen einfach preiswert sein
Mit Klinikärzten gibt's Verträge
Weil's sonst zu wenig OPs gäbe
Nicht immer bleibt der Patient dabei heil
- Denn Geiz ist geil!

Da hilft nur dringend Urlaub suchen
Im Reisebüro schnell günstig buchen
Das Hotel im Prospekt noch gut aussah
Der Pool ohne Filter wird zur Gefahr
Am Schluss im Flieger sitzt Du in der Falle
Der Pilot zu müde - doch runter kommen sie alle
Wir sind's selber schuld, ganz einfach weil
- Geiz ist geil!

Komm ich schenk Dir was

So witzig betrete ich die Halle,
Direkt in die Vorurteils-Falle
Der erste Eindruck, der steht fest
Nicht bestanden ist der Test
Keine Chance auf den zweiten Blick,
Denn für mich gibt's kein Zurück
Komm mein Freund, ich schenk Dir was
- ins Gesicht ein Wasserglas
Es rinnt und perlt von Deiner Stirn
Erfrischt, bewegt Dein kleines Hirn

Du bist von schlanker, großer Gestalt.
Das gibt Dir Kraft, gewisse Gewalt
So manchem wird da angst und bange
- Bist immer der erste in der Schlange
Ich bin hier, egal was Du sagst
Dass Du bloß nicht widersprechen magst
Komm mein Freund, ich schenk Dir was
- für Dich alleine einen Knast
Für Leut' wie Dich, so Egoisten
- Verpackt, verschnürt in kleine Kisten

Es gilt nur, was Dir gefällt
Nicht jeder passt in Deine Welt
Wer fit ist – Geld hat, stellt was dar
Nur diese Sicht ist einzig wahr
Drum tausch' ich 'ne Prise Akzeptanz,
Gegen Deine Tüte Ignoranz
Komm besser noch ich schenk Dir was
Damit machst Du Dich selber nass
Ein paar Schritte für die Arroganz
Dreh' Dich im Kreis beim „Pfützen-Tanz"

Auch Mobbing ist ein schöner Sport,
Und Überfremdung – welch ein Wort
Am Tag die Zunge spitzt wie Nadel
Abends schweigend vorm Musikantenstadl
Wer bei Dir steht, der kriegt die Wut;
Und das ist für Dein Ego gut
Armer Mensch, ich schenk Dir was…
Einen Eimer „Anti-Hass"
Mit 'nem Lächeln Deinen Zorn verletzen,
Und Dich schachmatt ins Eckchen setzen

Roboter sind auch Menschen

Oder - Wenn Menschen mal wieder roboten gehen

Im Shop nehmen „Kinder" ihren Lauf
Und reißen Süßkram-Riegel auf
Das Personal sieht langsam Rot
Denn Mutter glotzt und stellt sich tot
Man muss es einfach nicht verstehen
Wenn Menschen mal wieder roboten gehen

Wo Du auch bist, Du wirst Leute sehen
Die nur mit Smart- und iPhone gehen
Sie touchen, wischen, SMS-en
Haben die reale Welt vergessen
Sich im Pixel-Universum drehen
Und ganz in Trance roboten gehen

Selbst im Autobahnverkehr
Treibst Du 'nen Porsche vor Dir her
Den Fahrer auf linker Spur abwesend
Sieht man im Laster Zeitung lesend
Im Stau – beim Unfall – die Gaffer sich drehen
Es musste mal wieder einer roboten gehen

Auch in der Gesundheits-Politik
Europa – Banken – Missgeschick
Ob in Kirchen oder im Verkehr
Dort gibt es oft keine Rücksicht mehr
Es läuft da gründlich was verkehrt
Was ist ein Leben heut noch wert?
Verstand und Liebe werden untergehen
Wenn wir weiter so roboten gehen!

Ohne Musik

Wo wär' diese Welt ohne Musik?
Sie wäre ein Vogel, der einfach nicht fliegt
Was wäre Mozart ohne Klavier und die Noten?
Er gehörte zu den längst vergessenen Toten
Was wäre das Kino ohne Musik?
Es wär' wie Theater ganz ohne Mimik
Was wäre Sissi, die Kaiserin?
Wären im Film nicht Melodien drin
Sie wäre bloß schön - ein hübsches Gesicht
Doch so bekannt und beliebt, wäre sie nicht

Was wäre der Mensch ohne Musik?
Er wäre wie 'ne Nadel, die stumpf ist und nicht piekt
Was wären die „Stones" ohne ihr „Satisfaction"?
Sie wär'n wie Bruce Willis ganz ohne Action
Die Messe am Sonntag ohne Gesang
Mein Leben ohne Musik... mir wär Angst und auch bang!

Sie ist so wichtig, sie kann so viel
Musik ist ein richtig tiefes Gefühl
Auch Therapie ist sie bisweilen
Und kann so manche Seele heilen
Doch sind die Töne auch starke Macht
Manch Gedröhne ist schwarz wie die Nacht
Ob Heavy Metal oder Volksmusik
Bedeuten Noten oft Nervenkrieg
Drum wählt sie weise und gebt Acht!
Mal laut, mal leise - mit Bedacht
Dann hört auch Ihr ... oh ja, ich schwöre
Die Musik so wie Engelschöre!

Schmerz nach Noten

Wann immer ich den Song anhör,
Ich gleich das Hier und Jetzt zerstör'
Die Anfangs – Melodie zerwühlt
Gedanken, die ich nie gefühlt
Es erreicht mich in Tiefen, wie vorher noch nie
Ein Text voller Wehmut, schmerzender Poesie
Der Refrain ist zart und zugleich verletzt,
So dass es mir beinah die Sinne zerfetzt!
Wann immer sie gespielt, diese einsamen Lieder
Nimmt's Dich gefangen. Das Gefühl kommt wieder
Und klingt es auch ein wenig verboten
Der schönste Schmerz ist der nach Noten!

L.L. Lustige Lyrik

Sei nett zu Deiner Umwelt

Will Dein Goldfisch auf den Boden sinken
Ist's hilfreich, kriegt er was zu trinken
Kriegt Deine Fichte gelbe Blätter
Ist Trockendünger wohl der Retter
Mag Dein Kind kein Schulaufgaben
Will es lieber Facebook haben

    Drum sei nett zu Deiner Umwelt
    Es wäre doch gemein
    Wenn Du als Helfer und als Held
    Lässt das Retten sein

Hab beim Einkauf im Laden um kurz vor Acht
Der Verkäuferin mit 'nem Pfandbon 'ne Freude gemacht
Heute Morgen, mein Chef, der war überrascht
Hab ich für ihn die Sekretärin vernascht
Nachher beim Hausbesuch war man zu mir nicht sehr nett
Dabei sagte ich bloß: „Hallo, ich komm von der GEZ"

    Drum sei nett zu Deiner Umwelt
    Es wäre doch gemein
    Wenn Du als Helfer und als Held
    Lässt das Retten sein

Gestern hatte ich 'nen Unfall, ich hab bei Grün gestoppt
Und habe dann das Ganze mit 'ner Anzeige getoppt
Später dann beim Angeln und das auch noch bei Sturm
Schenkt' ich dem fetten Karpfen meinen letzten Wurm
Zu Hause in der Wanne, beim Baden saß mein Schatz
Wollt' den Fisch zu Wasser lassen, doch für 2 war wohl kein Platz

    Drum sei nett zu Deiner Umwelt
    Es wäre doch gemein
    Wenn Du als Helfer und als Held
    Lässt das Retten sein

Urlaubsgrüße

Worauf wir gern im Sommer warten,
Sind selbstgeschriebene Urlaubskarten
Darin steht: Unser Hotel ist spitze
Das Wetter gut – mit leichter Hitze
Und Frühstück ist für hierzuland
OK – dazu ein Sonnenbrand

Was auf der Karte nicht drauf steht
Dass der Sonnenschirm ins Wasser weht
Niemand will's wissen – keine Frage
Die Tag- und Nacht – Riesen-Mückenplage
Und ich saß still auf dem Balkon
Da gurrten auch die Tauben schon

Ferienfilme sehen wir gerne
Land und Kultur – weit aus der Ferne
Auch wenn im Hotel der Fahrstuhl dröhnt
Und sich der Nachbar früh die Haare föhnt
Ein Reisebus kommt nachts um vier
Um fünf da jault ein Katzentier
Wenn der Rotwein Deinen Schädel sticht
Das zeigt der Film dann eher nicht

Du schaust Dir unsre schönen Fotos an
Denkst: Ob ich auch mal dorthin fahren kann
Jedoch siehst Du nie und das ist kein Witz
Wie wir beim Wandern bis aufs Hemd nassgeschwitzt
Dass der Reiseleiter – der allzeit bereit
Leider heute hat gar keine Zeit
Und in meinem wohlverdienten Glas Bier
Schwimmt gerade ein totes Getier

Ja, auch das allerschönste Urlaubsbild
Sagt Dir, die Ferien waren nur halb so wild

Ein viele-Blumen-Gedicht

Hab gedacht, ich könnt Dir Blumen schenken
Und damit Dein Herz verrenken
Ich kaufte Tulpen und Gladiolen
Und dacht mir so 'nen Kuss zu holen
Oder mit 'nem Strauß Lavendel
Einfach mit Dir anzubändeln
Ich schenkte Dir ein dutzend Gerlinden
Und glaubte so, Dich an mich zu binden
War überzeugt, komm' ich mit Rosen
Fängt Dein Herz schnell an zu tosen
Doch Deine Pollen-Allergie
Reizt bloß die Nase - aber wie
Dann ich kam auch noch mit Narzissen
Doch wirst mich niemals wohl vermissen
Drum mach' ich heute damit Schluss
Und schenk Dir zum Abschied 'nen Kaktus

Schillers neue Glocke (alte Gedichte in neuem Gewand)

Festgetackert in der Erden
Steht sie da, aus Lehm gebrannt
Die Glocke muss heut fertig werden
Drum schmeiß den Mörtel an die Wand
Von der Stirne - gar so heiß
Rinnt und stinkt der Männerschweiß
Soll das Werk der Meister loben
Wird zuerst ein Bier gehoben
Bis die Glocke sich verkühlet
Lass die schwere Arbeit ruh'n
Wie im Laub der Vogel spielet
Legt noch ein Ei - wie Bauers' Huhn
Jetzt, mit der Kraft des Kordelstranges
Wiegt die Glock' aus Kruppstahlduft
Dass sie in das Reich des Klanges steige
In die Himmelsluft
Nun ziehet, ziehet sie empor
Auf dass sie schwebt, wie nie zuvor
Auf dass sie's Himmelszelt errocke
Dem Schiller seine harte Glocke

Pisa-Vierzeiler

Es wird schon schief gehen sagte der Turmbauer von Pisa
Da lach' ich drüber, meinte die Mona Lisa
Die Studie zu Pisa - „was ist das?" fragte die kleine Lisa
Und ihre Noten wurden immer mieser!

Nudelfix

Eine Tüte Nudelfix
Die schmeckt nach Salz - und sonst nach nix
Und dank Extrakten und Aroma
Mundet's den Kindern und der Oma
Selbst die Enzyme - Vitamine
Sind ebenfalls in der Terrine
Nur, was wir nicht zu fragen wagen ...
Die Antwort gibt's von Darm und Magen

Der Schweinehund

Warum steh ich so früh schlecht auf?
Es liegt ein Scheusal auf mir drauf
Warum bin ich träge, dick und rund?
Und wer reibt mein Gewissen wund?
Heimlich leise - nicht grad laut
Hat er mir meine Figur verbaut
Wer sitzt bei Dir am Festtagsbraten?
Ist nicht schwer, darfst einmal raten
Er ruiniert mir meinen Bauch und Magen
Drum werd' ich's Biest in mir nun jagen
Doch zum Tier darfst Du nicht grausam sein
Es sei denn, es ist Hund mit Schwein
Vielleicht schaff ich's mit Disziplin
Und zwing ihn somit auf die Knien
Ich will mich nun zusammenreißen
Dem Scheusal in die Waden beißen
Denn 's lebt sich besser und gesund
Ohne meinen Schweinehund

Mein lieber Schwan!

Mein lieber Schwan, mich tritt ein Pferd
Mein Hamster bohnert – er heißt Gerd
Mich laust der Affe Mein Schwein, das pfeift,
Während Bello nach der Zeitung greift
Doch Hunde, die bellen, sie beißen kein'
Sogar die Katze lässt das Mausen sein
Der Osterhas' räumt die Eier auf
Drei Tag vor Sommerschlussverkauf
Und alle Vöglein sind schon da,
Bis auf das Jodelschnepfen – Paar
Als ich noch schnell einkaufen geh',
Und an der Kasse 'ne Python seh'
Denk ich bei mir, das dauert lange,
Steh' ich am Ende einer Schlange
Da hör' ich meine Flöhe husten, als mich ein Zebra streift
Wollt' grad noch eine Blume pusten, wo mich ein Schmerz ergreift
Im Magen wird mir plötzlich flau
Die Forelle gestern war wohl blau
Will schnell noch ein paar Schäfchen zählen,
Als Sonnenstrahlen mich grell quälen
Mein lieber Schwan...was für ein Traum
Ich traue meinen Augen kaum
Ich sag zu mir noch: Schwein gehabt,
Als jemand um die Ecke trabt
Gerade weichten meine Sorgen
Da steht ein Pferd und grüßt: „Guten Morgen"

Die seltene Welt der Tiere

Ein gelber Schmetterling es wohl nie versteht,
Er angeblich Zitronen falten geht
Und wenn der Wind den Wald erbebt,
Der Uhu fest am Baume klebt
Auch das Hähnchen „Cordon Bleu"
Liebt ein besonderes Milieu
Doch Eis und Kälte mag kein Tier lang,
Sonst stirbt es kläglich an Gefrierbrand
Es schmeckt sehr gut mit Käs' und Schinken
Doch brätst Du's zu lang, fängt's an zu stinken
Ich mag Geflügel, schön kross – gut dorch
Und manchmal brat' ich mir 'nen Storch
Ess' auch gern Gans, wenn sie al dente
In meinem Bad steht WC-Ente
Der Miethai meidet die Meereswelt
Taucht er auch ab, schnell mit dem Geld
Selbst das Meerschweinchen wird blasser
Schwimmt es zu lang im nassen Wasser
Ach mit der süßen lila Kuh,
Bin ich seit gestern schon per Du
Und morgen kauf ich mir zwei Kilo Muscheln,
Um mit ihnen in der Wanne zu kuscheln

Tierisch lecker

Eins, das weiß doch jedes Kind
Pferdefleisch darf nicht ins Rind
Die Industrie profitbesessen
Das Kuscheltier wird mitgegessen
Ob Zwergkaninchen, Meister Lampe
Alles rein in die Fleischpampe
Dank den Enzymen zart und weich
Schmeckt mit Aroma alles gleich
Hauptsache billig muss es sein
Dann kann auch Katze noch mit rein
Beim Gastronom ganz ohne Witzel
Gibt's inzwischen Stutenschnitzel
Geht's so weiter gibt's bei Aldi
Demnächst auch Steak vom Dackel Waldi

Tierische Vier- bis Achtzeiler

Das Borstenschwein

Schau mal, dieses Borstenschwein
Das wollte mal 'nen Model sein
Drum war's zu dünn für Schlachters' Würste
'S war grad noch tauglich als Klobürste

Der Wiedehopf

Schau, da ist ein Wiedehopf
Der hat ja gar kein' Hosenknopf
Der Wiedehopf ist ziemlich dumm
Drum läuft er jetzt auch nackt herum

Wiedehopf - die Zweite

Es lugt aus einem Suppentopf
Ein kleiner, süßer Wiedehopf
Doch dass die Suppe ihm nicht schmeckt
Liegt daran, dass er selbst drin' steckt

Wiedehopf die Dritte

Es war einmal ein Wiedehopf
Der war krank und hing am Tropf
Am Rande einer dieser Pisten
Am Hauptstadt-Airport wollt' er nisten
In aller Ruhe wollt' er wohnen
Doch flogen dort verbotene Drohnen
Ein Vogel - Tränen hat vergossen
Jetzt ist er Politikverdrossen

Pudels Kern

Der Pudel mit 'nem Nierenstein
Ist eher doch ein armes Schwein
Sagt man dazu auch Pudels Kern
Dies hört das Tier wohl nicht so gern

Der Landaal

Ein Aal an Land kam unter'n Hammer
Es fehlten Algen ihm, und Wasser
Selbst später, in der Räucherkammer
Wurd' er dennoch immer blasser

Kein Hähnchen zum Abendbrot

Die Mutter geht in' Speisekeller
Und holt sich Hähnchen-Mortadella
Für ihren Mann zum Abendbrot
Und glaubt, das Tier sei aber tot
Doch vor dem Essen - es war schneller
Entfleucht das Hühnertier vom Teller
Und die Moral von der Geschicht':
Zum Abendbrot gibt's Hähnchen nicht!

Promi-Gedichte

Guten-Morgen-Lyrik für den frühen Abend

... mit Boris:

Äh, ich bin so reich wie Rockefeller
Geb' mein Geld aus auf Pfennig und Heller
Und schmier mir mein Brötchen auf goldenem Teller
Mit dem Zeug aus der Werbung, mit ...
Äh, wie heißt jetzt diese Nussnougatcreme?

... mit Rüdiger:

Ja, hallo erst mal!
Ich weiß gar nicht, ob Sie das schon wussten,
Aber ich entferne vom Brötchen die Krusten.
Ich mein, das sättigt zwar auch nicht gleich,
Aber dafür sind meine Brötchen immer ganz weich.

... mit Peter Maffay:

Hallo Freunde!
Heut' gibt's Kaviar vom Beluga
Den hab' ich gekauft auf der Anuga
Und ich sing' dazu von Tabaluga
- Nur für Dich – denn heut bist Du da!

... mit Udo Lindenberg:

Oh, bitte, bitte
Liebe Öko-Schnitte
Ich will Dich sanft bestreichen
Mit Tofupastete und dergleichen

Boris-Becker-Gedicht

Äh ... Äh ...
Ich traf Dich hier in Wimbledon
Als wir grad fachsimpelten
Hast Dich in mich „eingebreakt"
Und dabei mein Herz zersägt
An die anderen denk' ich mit Schreck
Doch DU trägst das Herz am rechten Fleck
Mit Deiner Kraft werd' ich nur siegen
Auch Agassi vom Platz musst' fliegen
Drum schreib ich jetzt in BILD
Auf Dich bin ich ganz wild!
Doch leider geht's mir grad nicht gut
Kriegt auch der Leser da die Wut
Nur Schulden kann ich derzeit geben
Es reicht trotzdem noch für'n Luxusleben

Franzi-Verse

Für Franzi kam es immer schlimmer,
Denn ... ja, sie war ein schlechter Schwimmer.
Erst war sie froh, und auch ganz munter,
Doch plötzlich zog es sie dann runter.
Die Trainingsstunden waren schwer,
Die Schokolade war's noch mehr.
Es war zu hart, das Sportlerleben,
Sie blieb am Beckenboden kleben.
Die Geschichte – die nimmt ihren Lauf,
Denn Fett schwimmt oben ...
Und Franzi taucht wieder auf.
Nun schon lange, ist sie Ehefrau
Den Job, den macht sie ganz genau
Und noch immer geht sie ins Wasserbad
- Für sich und die Wäsche - bei 65 Grad

Politische Reime

Alle Politiker

Alle EU-Politiker in Brüssel
Recken nach Tagegeld den Rüssel
Und wenn's nach denen geht, wen wundert's
Tun sie das auch noch bis 100
Alle Politiker sparen für Diäten
Nur der Gabriel, der platzt aus den Nähten
Alle Politiker sagen die Wahrheit
Nur nicht die Merkel,
Sie lügt, dieses Ferkel
Alle Politiker reden Unsinn, besonders bei der FDP
Oh ja - und dass tut doppelt weh
Die Bundeswehr, ja die verweichlicht
Denn dort wird gesoffen - und zwar reichlich
Der Grüne sagt: „Der Wald ist tot!
Und die SPD sieht auch nur rot
Und auch dem Joschka, sein Fischer
Wirkte früher auch mal frischer
Auch Trittin seinen Jürgen
Könnt' ich den ganzen Tag nur würgen
Ja, alle Politiker haben was zu sagen
Nur nicht Willi Brandt
Der ist tot und hält den Rand
Und auch der Helmut Schmidt
Macht da nicht mehr mit
Manche Rede war heiße Luft
Bei Schmidt war's Zigarettenduft

Politik macht auch nichts

So mancher aus der Politik
Macht seinen Job mit einem Trick
Stellst Du ihm 'n paar heikle Fragen
Wird er Dir schnell was andres sagen
Nur viel reden, ohne Sinn
Ja, auch ein Lächeln ist noch drin
Und anstatt zurückzutreten
Erhöht er lieber die Diäten
Denn aus dem großen Wahlversprechen
Erwächst - oh Wunder - ein Verbrechen
Der Staatsmann, der nimmt schwarzes Geld
Der Wirtschaftsboss regiert die Welt
Auch wenn die Umwelt jetzt verliert
Der Dollar ist rund, das Geschäft floriert
Und bloß am Thema nicht arbeiten
Lieber Polemik schön verbreiten
Drum sage ich euch hier und heut
Hört gut zu, ihr Politikerleut
Was bringt es, wenn ihr Macht missbraucht?
Sie schlägt zurück und kriegt euch auch
Und statt oppositionellem Streiten
Versucht's mal mit Gemeinsamkeiten
Doch wenn es noch so weiter geht
Dann seid ihr bald vom Wind verweht
Denn wenn die Politik verliert
Wird ganz allein vom Volk regiert

Das ultimative Merkel-Gedicht

Jahrzehntelang hinter der Mauer
Da lag die Ängie auf der Lauer
Doch welch ein Glück – gleich nach der Wende
Das lange Warten ging zu Ende
Auf das der damals Kanzler Kohl
Die Merkel in den Westen hol
Ja, der Helmut ahnte schon
Jetzt sitzt sie auf dem Kanzler-Thron
Erst spielt sie schüchtern – graue Maus
Und putzt sich später ganz schön raus
Inzwischen ist sie ziemlich frech
Und kämmt den Pony ganz nach rechts
Und wirkt dabei recht kühl und eitel
Zieht Seehofer einen Scheitel
Ja, ohne Tadel – ohne Furcht
Biss sich auch bei Gabriel durch
Ganz leise – ohne viel Radau
Macht' damals Schröder gleich zur Sau
Nur Westerwelle – den machte Merkel
Ganz unbemerkt zum gelben Ferkel
So mag sie einen nur auf Dauer
Das ist ihr Mann – Joachim Sauer
Die andren hat sie nicht so gern
Lieber von hinten – und von fern
Politisch zeigt sie, was sie kann
Und steht als Frau auch ihren Mann
Man sagt, sie hat Zähne auf den Haaren
Denn ihr Kurs heißt „noch mehr sparen"
Dem Wähler ist es nicht geheuer
Schon wieder gibt's 'ne neue Steuer
Mit Wein ist's wie im Kabinett
Diäten macht Minister fett
Doch Merkel passt in keinen Rahmen
Macht auch im Ausland sich 'nen Namen
Auch in Amerika und Polen
Wird sie sich noch 'nen Titel holen
So küsst sie beim Besuch galant
Dem Donald Trump die linke Hand

Ja, Angie und Verona Poth
Sind ungeschickt bis in den Tod
Ich möchte lieber gar nicht wetten
Wird sie wohl noch den Euro retten
Oh, denk ich dran, wer uns regiert
Mir dabei das Herz erfriert
Trotzdem bin ich jetzt nicht frustig
Wirkt Merkel im TV doch lustig
Sie scheint zwar dumm, doch ist sie schlau
Drum ruf ich Ängie – Prost – Helau!

Saddam und Bush

George Bush - das ist ein großer Mann,
Der den Hals nicht voll kriegen kann.
Will Macht und Reichtum immer mehr,
Noch nicht genug - ein Krieg muss her.

Auch wenn die Umwelt dann hinkrepiert,
Die Wirtschaft wächst und sie floriert.
Das letzte, was ihn jetzt noch stört,
Dass dem Irak das Öl gehört.

Und Saddams Terror und Gewalt,
Da sagt sich Georgie Busch: Stopp! Halt!
Hier marschieren wir jetzt mal ein,
Und hinterher ist alles mein!

Gut! So ein Krieg ist zwar fatal,
Doch schließlich ist bald Wiederwahl!
Jaaa! Auch der Saddam ist ein böser Mann,
Dem keinesfalls man trauen kann.

Er will bloß um den Frieden ringen,
Tut hinterrücks sein Volk umbringen.
Und <u>beide</u> tun's in Gottes Namen.
Herr, kannst Du Dich da noch erbarmen?

Dazu sag ich nur ein paar Wörtchen:
Bush! Bush! Jetzt aber schnell ins Körbchen,
Den Saddam tun wir auch mit rein,
Den Deckel zu - ach, ist das fein!

Auf dass die Atombombe sich nicht mehr lohnt,
Werfen wir 'ne Rakete ab - direkt zum Mond.
Ohne Rückflug nur weg Husch, husch,
Denn drin ist das Körbchen mit Saddam und Bush!

Die Zeit, sie ist ins Land gegangen,
Den Saddam hat man nun gefangen.
Zur Strafe er verurteilt worden,
Und aus, vorbei ist's mit dem Morden.

Auch Georgie Bush wollt' man sich kaufen
Doch leider, leider ... die Großen lässt man laufen.

Gedichte der Saison

Neujahrsgedicht - Irgendwo aus der Wohlstandsgesellschaft

Ich hätte gerne im nächsten Jahr
Designerzeug - das ist doch klar
Und ist mein Schrank auch noch so voll
Trotzdem ich nicht weiß, was ich anziehen soll
Zuletzt, da wurd' ich viel zu fett
Zehn Kilo leichter, das wäre nett
Ich wünsch' mir weiter Lust am Geiz
Und dass mein Geld erhält den Reiz
Soll alles werden noch billiger
Die Frauen möglichst williger
Im Job will ich 'ne Top-Karriere
Da kommt mir niemand in die Quere
Und dass bloß keiner es entdeckt
Was für'n Charakter in mir steckt

Neujahrsgedicht - irgendwo aus der dritten Welt

Ich wünsche mir fürs nächste Jahr
Dass es besser wird, als wie es war
Gern hätt' ich Schuhe für den Fuß
'Ne Decke, dass ich nicht frieren muss
Denn nachts wird es ja doch sehr kalt

Bei uns im Blechdach-Häuserwald
Wird man mir dies' Jahr Arbeit geben?
Kann die Familie überleben?
Ich würd' so gerne etwas essen
Und etwa 50 KG messen
Es gibt kaum Wasser, kaum grünes Land
Nur harten Boden und viel Sand
Lass uns die Diktatur nicht erben
Ich will doch morgen noch nicht sterben.

Karneval und Fasching

Büttenrede zur Lage der Nation

In Germanien war's Paradies
Doch heut' ist's eher ziemlich mies
Und auch mit Euro und Trittin
Kann ich aus Deutschland bloß noch flieh'n
Der WSV ist abgeschafft
Und mein Konto wird dahingerafft
Die Wirtschaft, die hat abgebaut
Den Arbeitslosen die Chance verbaut
Und Merkel steht zu ihrem Mann
Hat immer noch viel Spaß daran

Die Pisa-Studie ist ein Flop
Nur Dschungel-TV, das ist Top
Der Deutsche ist ein faules Schwein
Und geht in Talkshows darauf ein
Lieber Fernseh'n und Computer
Dabei bedient uns noch die Mutter
Damit es wieder wird wie's war
Sucht Deutschland seinen Superstar
Ja, Bohlen ist ein guter Mann
Und hat jede Menge Spaß daran

Die Wirtschaft kränkelt, ja sie ist krank
Der Bürger auch, na schönen Dank
Doch krank sein ist jetzt richtig teuer
Die Pharmazie freut's ungeheuer
Die Krankenkasse braucht das Geld
Guido bereist die Dritte Welt
Für Gesundheit braucht man richtig Kohle
Doch schließlich dient es unsrem Wohle
Von der Leyen hat's gut - oh Mann!
Und immer noch viel Spaß daran

Für uns heißt's Gürtel enger schnallen
Weil die Diäten hoch ausfallen
Da hilft kein Hass und auch kein Neid
Nun seid zur Sparsamkeit bereit
Ja, Ackermann, so müsst man heißen
In goldne Kloschüsseln reinscheißen
Den Job als Kanzler wünsch' ich mir
Nun hol mir mal 'ne Flasche Bier
Wer Kanzler ist, tut gut daran
Hat jede Menge Spaß und Fun
Und die Moral von der Geschicht'
Wer korrupt ist, lächelt im Gesicht!

SPD-Büttenrede

(Norbert Blüm)

Schon damals, mit dem Kanzler Schröder,
Des wurd' mir langsam immer blöder
Des wird nix - ich hab des im Urin
Auch net mit Umwelt und Trittin
Und auch mit Joschka seinem Fischer
Da war isch mir noch lang net sischer
Ja, und die Wiecorek-Zoll
Die bracht' es auch net! Jawoll
Und der Scharping langsam Rudolf
Der spielt' schon damals lieber Golf
Auch den Oskar Lafontaine
Den find isch eigentlich bloß zum gähn
Deswegen geh ich jetzt ins Bett
Ich sag „Gut Nacht"! Des packt ihr net!

Karneval – Ein alkoholisches Schunkelgedicht

Karneval … wat war dat schön
Besoffen über Straßen geh'n
Siehst den Zug … im Rausch vorüberzieh'n
Versuchst …dem Alltag zu entflieh'n
Leere Flaschen … am Straßenrand
Zombies … außer Rand und Band

Zertret'ne Bonbons auf der Erd'
Nicht gut genug … die sind nichts wert
Bei Kamelle sagst Du nein
Was besond'res muss es sein
Für Feuerzeuge … Plüsch-Stofftiere
Ich ganz gerne auch mal friere

Und dazu 'nen Doppelkorn
Und noch mal schunkeln … gleich von vorn
Zu sinnentleerter Stumpfmusik
Du dabei 'nen Kater kriegst
Die Kinder finden's auch ganz toll
Hauen sich dabei die Hucke voll
Ja, cool ist nur … wer kräftig trinkt
Und deftig aus dem Hals raus stinkt

Und auch im Karnevalsverein
Sagt man zum Vollrausch niemals nein
Denn dort gilt Saufen … Schunkeln pur
Das ist die Deutsche Leitkultur
Drum feiern wir …. So fest wie's geht
Solang der letzte aufrecht steht

Noch abends in die Kneipe rein
Bei Dunkelbier und Schnaps und Wein
Auch Aschermittwoch ist nicht Schluss
Weitersaufen nach Dienstschluss
Drum trinken wir das ganze Jahr
Noch weiter … bis zum Februar

Deutschland ist ein schönes Land

(noch 'ne Büttenrede)

Deutschland ist ein schönes Land
Das habe ich ja gleich erkannt
Endlich sind wir wieder wer
Drum Arbeitsplätze müssen her
Der Wirtschaftsboss stopft's Geld in'd Hose
Dafür gibt's auch mehr Arbeitslose
Doch wo's gibt Lose, sind auch Nieten
Das muss die Merkel jetzt verbieten
1-Euro-Job musst Du jetzt suchen
Sonst muss die Angie Zahlen umbuchen

Deutschland ist ein schönes Land
Das habe ich ja gleich erkannt
Endlich sind wir wieder wer
Fernsehen mit Niveau muss her
Dank RTL und auch Pro7
Sind wir damit im Tal geblieben
Big Brother, jetzt das ganze Jahr
Der Dschungel hart, wie's niemals war
Es kommt noch besser – noch mehr „wurg"
Berichte, live von einer Burg
Wo Prominente sich duellieren
Mit Grüntee spucken ... urinieren
Und der Adel sich die Klinke gibt
Weil's fortan 2 Prinz-Pinkel gibt

Deutschland ist ein schönes Land
Das habe ich ja gleich erkannt
Endlich sind wir wieder wer
Die neue Ehrlichkeit muss her
Ja, Tagegelder kommen aus Brüssel
Da rümpft das Volk schon mal den Rüssel
Und keine Arbeit hat der Mob
Der Politiker kriegt Nebenjob

Bei Banken bist Du gut beraten
Auch wenn sie Dir Gebühren aufbraten
Die Post ist pünktlich und kommt an
Die Telekom ist super ... Mann
Als „Schiri" kannst Dich leicht verzetteln
Lässt Du Dich ein auf Fußballwetten

Ist Deutschland nicht ein schönes Land?
Oder hast Du's bloß verkannt?
Du glaubst, es ist geil, ein Arschloch zu sein
Und stellst Dir dabei selbst ein Bein
Ja, eins ist klar ... auf jeden Fall
In Deutschland ist das ganze Jahr ... Karneval

Ostern und Frühling

Frühling kommt

Der Frühling kommt mit feuchtem Gras
Drum nass ist auch der Osterhas
Die Osterglocken stehen still
Im Beet, wie die Natur es will
Die Knospen blühen - die Triebe sprießen
Das Häslein sieht aus, wie zum Schießen
Doch leg es weg, das Schießgewehr
Weil sonst Ostern ohne Eier wär
Und statt gespicktem Hasenbraten
Sucht man nach Süßkram hier im Garten
Drum speisen wir zum Osterfeste
Vom Vortag noch die Speisereste
Ach, fast vergessen - 's hat ja Sinn
Geh'n wir noch gleich zur Messe hin
Denn statt Ostereiern, die bloß kleben
Muss es doch noch was andres geben

Und die Moral von der Geschicht
Osterglocken läuten nicht

Der Osterhas

Der Osterhas, der hat gelitten
Denn Nikolaus kam mit dem Schlitten
Er fuhr ihn platt, jetzt ist er breit
'S gibt Hasenbraten zur Weihnachtszeit

Oster-Vierzeiler

Ist es an Ostern sonnig-warm,
Kommt die Verwandtschaft und frisst Dich arm.
Wird's zu Pfingsten warm und heiter,
Kommt sie wieder, und frisst weiter.

Ein Häschen-Gedicht

Häschen in der Grube
Hoppelt in die Stube
Wird hinterm Ofen vorgelockt
Und in der Küche abgezockt
Tat's arme Häslein so erschrecken
Dabei wollt's Eier bloß verstecken
Anstatt der Hase Blümlein pflückt
Wird er von Muttern nun gespickt
Ein Mädchen in der Ecke weint
Der Wunsch nach Eiern wird verneint
Sei still! So ruft der Vater böse
Jetzt riecht's auch noch nach heiße Klöße
Und statt Schoko-Ei und süßem Kram
Gibt's Has und Klos mit saurem Rahm
Und eins, das fehlt hier sicher nicht
Nämlich, die Moral von der Geschicht'
Nicht jeglicher Festtagsbanause
Hat Vegetarier im Hause

Sechszeiler für den Ostermontag

Der Osterhase bringt die Eier
Rechtzeitig zu der Osterfeier
Der Mensch, der schlingt sie in sich rein
Und den Hasen obendrein
Dann wird erst feste mal gefeiert
Und nachher wieder ausgereihert!

Sommer und Herbst

Sommer 2000und ...

Die Menschen schwitzen sich halb tot
Abends glüht die Sonne rot
Doch schnell hast Du Dich abgekühlt
Weil plötzlich Sturm und Regen wühlt
4 Wochen schüttet es am Stück
Der Keller voll ... Du wirst verrückt
Das Wetter kommt, der Tag der geht
Bis nachts die Bäume umgeweht
Und morgens dann Dein Auto Wrack
Zerstört der Hagel noch den Lack
Sag, hast Du schon mal nachgedacht
Als Du morgens aufgewacht?
Der Radiowecker läuft 'ne Weile
Der Lockenstab noch schnell in Eile
Etwas Deo mit FCKW
Der Duftstein in Deinem Marmor-WC
Die Zigarette aus Nikotin und Teer
Gibt 'ne ganze Menge her
Und alles durch die Umwelt quillt
Am Nordpol grad 'n Eisberg schmilzt
Es geht uns gut ... und Luxus pur
Zerstört so langsam die Natur
Abfall ist kein schönes Wort
Drum werfen wir auch alles fort
Und ... ach wie fein ... Du hast 'nen Garten
Wo auch schon die Schnecken warten
Doch diese Wespen-Raupen-Plagen
Die gehen Dir ganz schön auf den Magen
Da gibt's nur eins: Das Viech muss weg
Du holst das Spray ... und es verreckt
Es ist zwar gegen Deinen Willen
Doch's Dezember-Wetter ist zum Grillen
Und's gibt kein' Schnee ... das ist Verrat
Stattdessen 24 Grad
Du steckst voll Wut ... und voller Hohn

Doch der nächste Sommer ... der wartet schon!
Die Verzweiflung wächst – und auch die Wut
Und in jedem Jahr steigt noch die Flut
Und das Klima dreht durch ... es geht rund
Das war der Sommer 2000und

Lobhudelei für unsere Sonne

Komm, mein geliebter Sonnenschein
sollst Balsam für die Seele sein
Bist unendliche Weiten weg
erfüllst doch täglich Deinen Zweck
Gibst Energie und bist uns treu
Gehst auf und unter - immer neu
Und eine der schönsten Deiner Gaben
Du tauchst die Natur in ergreifende Farben
Später dann, grüß mir den Mond
Auf dass er uns mit Schlaf belohnt

Und naht auch der Sonnenuntergang
Sei nicht traurig, sei nicht bang
Die Erde wird sich nur einmal dreh'n
Dann kannst die Sonne wieder seh'n

Oh, Du goldene Herbstlichkeit

Oh, Du goldene Herbstlichkeit
Ich klage Dir mein Herzeleid
Der Wind, der tobt in Saus und Braus
Drum geh ich jetzt zu uns nach Haus
Die Stimmung ist total vergeigt
Weil der einzige Drachen, der jetzt steigt
Von wegen ... alles ist in Butter
Denn es ist meine Schwiegermutter

Oktoberfest-Gedicht

Im Zelt auf'm Oktoberfest
Da liegt nur noch'n Essensrest
Vom Schweinchen – ein Beinchen
Bei Semmelknödeln auch
Alles rein, in den Bauch
Was kann das arme Schwein dafür
Doch passt auch noch'n Maß voll Bier
Das arme Schwein – es ist verreckt
Doch mir hat's wieder gut geschmeckt

Gedanken zur kalten Jahreszeit

Ein Wintergedicht

Dunkel war's, der Mond schien helle
Und Du - Du rückst mir auf die Pelle
Bloß weil's kalt ist – draußen grau
Geh ich mit Dir nicht in den Bau
Ruprecht flitzt grad um die Ecke
Wie gestochen von 'ner Zecke
Da geht er hin - ohne Geschenke
Und kehr dort ein - in die Dorfschänke
Trinkt sich einen - zahlt, haut ab
Da geht er hin - mit Gut und Hab
Tja! Geschenke gibt's wohl diesmal nicht
Das kommt davon - Du Bösewicht
Und ich frage Dich: Hast Du mich lieb?
Oder ist es bloß der Trieb?
Komm, wir gehen - hier ist's kalt
Und laufen eben in den Wald
Dort steht ein kleines, warmes Haus
Da ziehen wir uns dann heimlich aus
Und singen leis' „Advent, Advent"
Nun schau, wie meine Kerze brennt
Und wehe dem, ... der dabei Böses denkt!

Winterzeit

Die Scheiben früh beschlagen sind
Und bitterkalt - so weht der Wind
So frostig - es ist zum Verzagen
Er springt nicht an - so früh der Wagen
Die Nerven blank - so mancher breit
'S wird kälter heut - 's Winterzeit

Der Stiefel knirscht auf Eis und Schnee
Die Zehen blau - der Fuß tut weh
Die Nase ist rot - die Ohren sind kalt
Die Landschaft blüht weiß - es weihnachtet bald
Ach, wie schön, wenn's von oben schneit
Der Dezember es zeigt - 's Winterzeit

Das Wetter ein Chaos, doch auch die Gefühle
Die Suche nach Freude im Weihnachtsgewühle
Im Kaufrausch noch schnell ein paar schöne Geschenke
Auf das man auch dies' Jahr das Hirn sich verrenke
Damit zum Feste auch jeder sich freut
Das Jahr geht zu Ende - 's ist Weihnachtszeit
Ja, der Tag schon vorbei - zum Dämmern bereit
Das Leben so schnell 's ist Winterzeit!

Leise rieselt der Schnee - ein Schneegedicht

Schnee schippen tut weh
Ein Eisblock fällt auf meinen Zeh
Oh je mineh
Wie tut das weh!

Leise rieselt der Nieselregen
Es ist spiegelglatt auf allen Wegen
Heut Nacht wird es kalt, der Schnee wird sich legen
Morgen früh heißt's Schnee schippen und auch Schnee fegen.

Leise plätschert der Schneematsch
Ich falle hin und es macht „platsch"
Die Wohnung ist kalt, im Treppenhaus-Tratsch
Es fängt an zu frieren, und glatt wird der Matsch

Leise rieselt der Schnee
In mein Auto läuft ein Reh
Doch bald ist es Frühling
Und dann blüht der Klee!

Das Adventsgedicht

Die Weihnachtsgans im Ofen brät
Es ist mal wieder ziemlich spät
Geschenke sind schon alle weg
Der Weihnachtsmann ist schon ums Eck
Nintendo, Videos, Kuschelrock
Darauf haben die Kinder eh kein' Bock
Wollen lieber unter'm Baume sitzen
Am Kamin ein wenig schwitzen
Mit der Familie die Zeit verbringen
Weihnachtslieder selber singen
Nicht aus dem Radio, nicht von CD
Da tun ja bloß die Ohren weh
Oma, Opa, Schwesterlein
Wollen bei einander sein
Die Läden zu, die Straßen leer
Die Kirche voll - ein Menschenmeer
Ein Fest, wie niemals sonst im Jahr
Es ist Weihnachten - wie wunderbar
Doch dies zu sagen fällt mir schwer
Ach, wenn es doch mal bloß so wär'!

Adventsgedicht für Computergeschädigte

Advent, Advent, wenn der Computer hängt
Das Laufwerk viel zu langsam rennt
Der Bildschirm keine Daten nennt
Und die Festtagspost der Speicher fängt
Dann hast Du Weihnachten versenkt

Das verwöhnte Blach - ein modernes Weihnachtsgedicht

Na, Du verwöhntes, kleines Blach!
3 Mal wirst Du jetzt noch wach
Dann ist Weihnachtstach!
Dann sitzt Du wieder unter'm Baum
Und erwartest die Geschenke kaum
Mögen es recht viele sein
Wirst auch immer artig sein
Unschuldig in der Ecke kauern
Geduldig auf die Omi lauern
Jeder weiß, die braucht nichts mehr
Drum gib' schnell die Pakete her
Und in der Küche schwitzt die Mutter
Backt noch Stollen mit viel Butter
Damit das Blach zu Essen hat
Ja, voll und satt - wie schön ist datt
Derweil der Vater schmückt den Baum
Das Kind, es rappt sich durch den Raum
Mensch! Nun wart's mal ab, Du Blach!
Mach mal langsam und gemach
Ja, der Weihnachtsmann, er ist ein Guter!
Bringt neue Händis und Computer
Doch, was echt zählt in Deinem Leben
Das wird nur die Moral Dir geben
Denn aller Reichtum schwindet prompt
Wenn erst einmal der Euro kommt

Weihnachts-Kurz-Gedicht

Wer zur Weihnacht keine Freude findet
Der besser schnell 'ne Kerze entzündet
Und bei Glühwein „Merry Christmas" singt
Merkt bald, dass auch dies' Frieden bringt

Niklaus

Der Niklaus ist ein guter Mann
Drum ruf schnell 'nen Studenten an
Und schwups di wupps ... und Fallerah
Ist er mit der Bestellung da
Dann füllt er Dir die Stiefel voll
Die Mutti findet's auch ganz toll
Kaum hat er seine Pflicht erfüllt
Mit nutzlos Zeug uns zugemüllt
Muss er an einen andren Ort
Die Tür schlägt zu ... Student ist fort
Niklausabend war so schön ... Juchhe!
Nur ... die 100,- Euro ... die tun weh!

Mutter hat die Gans verbrannt

(zur Melodie: „Fuchs, Du hast die Gans gestohlen")

Mutter hat die Gans verbrannt
Jetzt ist sie verkohlt
Jetzt ist sie verkohlt
Höchste Zeit um loszugehen
Dass einer Pizza holt
Bevor der Papa böse wird
Und seine Frau versohlt

Weihnachtsstress - wie selbstgemacht

3 Tage vorher geht es los
Der Auto-Stau ist riesengroß
Du hetzt noch in die Stadt hinein
Denn Weihnahtskonsum, das muss sein
Was soll ich bloß den Kindern kaufen
Gedanken schnell zusammenraufen
Das lange Stobern nichts gebracht
Weihnachtsstress - wie selbstgemacht

Der Weihnachtsmarkt, was für ein Dreck
Die besten Teile sind schon weg
Was soll man denn damit auch machen
Mit Seife, Socken und so Sachen
Das hat mit Weihnacht nix zu tun
Doch keine Zeit bleibt Dir zum Ruhen
Und weiter rennst Du durch die Nacht
Weihnachtsstress - wie selbstgemacht

Die Gans besorgst Du besser morgen
Du hast ja auch noch and're Sorgen
Plätzchen, Kuchen, Rosinenstollen
Auch gebacken werden wollen
Da fängst Du langsam schon mal an
Und stehst am Herd stolz Deinen Mann
Doch ohne Nelken, Zimt oh Schmach
Schmeckt Weihnachtsstress - wie selbstgemacht

Es hätte anders können kommen
Hättest Du Dir Zeit genommen
Hätt'st im November schon begonnen
Vielleicht was gebastelt - dann und wann
Gedicht und Blumen hätten's auch getan

So mancher, der kurz nachgedacht
Mit Liebe schöne Dinge macht
Und selbst was auf den Weg gebracht
Der hätte auch zur Weihnachtsnacht
Freude verschenkt und selbst gemacht

Weihnachten steht vor der Tür

Weihnachten steht vor der Tür
Und Schwiegermutter gleich dahinter
Mann, was kann denn ich dafür?
Das wird ein harter Winter
Die Gans ist schon im Ofen drin
Doch's Kind will lieber Pommes haben
Drum Stiefel an, da müssen wir hin
Ganz einfach nach McBurger traben
Ja, Weihnachten steht vor der Tür
Mit Grippe im Gepäck
Ach, was kann denn ich dafür?
Geht's Fieber später wieder weg
Doch, wozu ist der Notarzt da?
Wenn ich vor Frösteln zitter
10,- Euro zahl ich gleich in bar
Da schmeckt die Pille bitter
Und Weihnachten steht vor der Tür
Hartz IV direkt dahinter
Mensch, was kann ich dafür?
Wie sag ich's meine' Kinder?
Das Schicksal nimmt so seinen Lauf
Die Wirtschaft hält wohl kaum noch Schritt
Die Schulden fressen's Konto auf
Der Staat, der futtert fleißig mit
So kann das neue Jahr bald kommen
Das wird ein richtig großes Fest
Das letzte Hemd wird Dir genommen
Und später dann ... auch noch der Rest

Howard Carpendale singt ein Weihnachtsgedicht

Hello again! Du isch möschte disch wieder sehn
Am Weihnachtsabend vielleicht, wenn die Zeit dazu reischt
Und dann halt isch disch fest im Arm
Doch isch hab' noch Marzipanstollen im Darm
Drum muss isch auf die Toilette gehen,
Doch wir werden uns wieder sehn
Wenn isch verdaut hab.
Oh, hello again
Isch will keinen Stollen mehr sehn
Weil der den Magen ausdehnt

Der fünfte Advent

Wenn die Kirchen wieder leerer sind
Und satt beschert, ein jedes Kind
Wenn der Lebkuchenmann im Ofen verbrennt
Dann ist es soweit - der fünfte Advent

Wenn Verwandte mit komisch gemischten Gefühlen
Im Schneesturm sich hastig nach Hause durchwühlen
Dann sagt sich so mancher, der's andersrum kennt
Ach! Er kann doch so schön sein - der fünfte Advent!

Zum Applaus nun hebet eure Hände
Die Dichterei hat jetzt ein Ende
Und hat es euch denn wohl gefallen
Dann sagt es weiter - und zwar allen
Doch schmerzet es sogar im Ohr
Sperrt's für die Nachwelt in'n Tresor